JN411484

시인 이선미

반란의 바다

이선미 시집

시와사람

이 도서의 국립중앙도서관 출판예정도서목록(CIP)은
서지정보유통지원시스템 홈페이지(http://seoji.nl.go.kr)와 국가자료종합목록
구축시스템(http://kolis-net.nl.go.kr)에서 이용하실 수 있습니다.
(CIP제어번호 : CIP2020055336)

반란의 바다

■ 시인의 말

2년 만에 펴내는 시집이다.

시처럼 살고 싶었으나 쉬운 일이 아니다.

그 동안 존재방식에 많은 생각을 기울였다.

이 시집을 통해 나 뿐만 아니라 많은 사람들의 삶에 변화가 있기를 소망한다.

영영 내 곁을 떠나가는 나의 시들에게 '안녕'이라는 말도 못했다.

2020년 겨울 이선미

차 례

■ 시인의 말

1 반란의 바다

2 잠시 길을 멈추고 싶다

3 푸른 길의 사계

4 안개 낀 날에

1

반란의 바다

반란의 바다

석양 무렵 마라도 바다는 붉게 탔다
하루 일과가 끝난 태양이 지쳐
직각으로 바다에 빠질 때
첨벙, 하는 소리가 날 듯
바다로 침몰하면
바다와 하늘의 경계 사라져
섬과 배들은 모두 황금빛으로 빛나
그것을 바라보면 눈이 멀었다
이때쯤 살아있는 것이나 죽어있는 것이나
모두 숨을 멈췄다
심장도 멈추고,
불타는 바다와 하늘이
'꼴깍' 하는 소리와 함께
마침내 태양은 장엄한 자태를 감추고
사위는 어두워지기 시작했다
혁명과 반란의 바다는
먹먹하게 평정이 되고
파도소리도 다시 살아났다.

애월에서

서귀포 시내에서
바다가 그리워 애월 바닷가로 옮겼다
코로나 때문에 길이 막힌 사람들이
순례객처럼 다녀가는 바다가 있는 애월행이다
'애월' 사랑하는 달이란 의미일까
'애월' 슬픈 달이라는 뜻일까
확 트인 전망 안에 망망대해가 펼쳐졌다
그곳에서 사랑하는 사람과의 추억을 쌓으려는지
사람들은 바다를 바라보았다
또 한무리의 사람들은 전설 속의
남쪽바다 이어도의 슬픈 이야기를 떠올리는듯
해가 지는 수평선 끝을 바라보았다
밤이 되자 창밖에 달이 떠올랐다
내 침실을 비추며 사랑을 속삭이듯
가만히 내 귀에 얼굴을 대고 뭐라고 하였다
그 모습이 슬픈 듯하여
슬픔에 전이된 마음이 울적해졌다
밤이 깊어가자 사람들은 숙소로 돌아가고

쉽게 잠에 들지 못하는 나는
거칠어진 파도 소리에 또다시 쓰러지는데
밤새 창가를 비추던 달이
새벽녘이 되어 내 심연으로 사라져 버린다.

빌레못굴 비가

1949년 1월 16일
토벌대가 제주시 여음리 빌레못굴에 숨어있던
사람들을 학살했다
30년이 지나 굴 속에서
어머니와 딸의 유해 등
네 사람이 굴 밖으로 나왔지만
그러나 이젠 세상으로 돌아갈 수 없다
한없이 억울하고 분통 터지지만
죽음을 책임질 아무도 없다
순식간에 죽임을 당해 울지도 못하고
살아있는 사람들에게서 가물가물 잊혀져 갔다
굴 속은 캄캄하여 비명조차 삼켰다
천정에서 서식하는 박쥐들만 소리없이 동굴에 오고갔을 뿐
세상으로 가는 통로는 보이지 않았다
죽은 사람들이 누구인지도 모르는듯
굴 속은 이따금 물방울 떨어지는 소리만 들릴 뿐
침묵이 동굴을 지배했다
어쩌면 동굴은 선사인의 집이었을지도 모르지만

그 날 이후 묘지가 되었다
명절 때면 사람들은 성묘를 가지만
동굴엔 가지 않았다
동굴 어딘가에서 비명을 지르는 사람이 있을지 모르지만
사람들은 아무 소리도 듣지 못한다
슬픈 기운이 도는 동굴묘지가
묘지인 줄도 모른다.

용머리 비녀

하늘에 오르는 용의 머리를 보면
사람과 용이 함께 죽는다는 말이 있지만
그리움은 한시라도 죽고 싶구나

한라산 용굴에서 천년 또아리 틀던 구렁이가
용이 되어 오를 때
한라산에 구름이 일고
무지개가 부채춤을 추고 있었지만
끝끝내 용머리는 볼 수 없었고
한라산 큰 불 이후
더 이상 용은 오르지 않았다
불에 무지개가 타고 구렁이가 죽었을지도 모른다
혹시 용굴 깊숙이 서귀포바다 용왕이 되었을까

아아 할머니 머리의 용머리 비녀여
한라산 구름이 된 할머니는
여지껏 무지개를 보고 계시는지.

한라산

제 몸 감추지 않는다
제주도 어디에서도 비스듬히 누워 있는
여인,
그렇다고 요염하지도 않고
날씬하거나 뚱뚱하지도 않은
그 여인을 보며
김정희는 세한도를 그리고
이중섭은 게와 노는 아이들을 생각했으리라

며칠째 눈이 내리는데
며칠째 폭풍이 부는데
비행기도 뜨지 못하고
여객선도 부두에 묶여있는,
세상의 모든 길이 끊어진 바다에 누워
꼼짝하지 않은 버릇으로
섬이 되어 침묵한다.

바닷가에서

비 오는 날,
서귀포 앞바다에 나가 바다를 본다
빗방울들 가미가제 전투기처럼
바닷물에 곤두박질친다
바람부는 바다는 사나워져
으르렁거리며 바위에 머리를 짓뭉갠다
승산없는 싸움인 줄 알면서도
지칠줄 모르는 무모한 빗방울과
맞받아치며 분노를 풀어보는 바다의 싸움
저녁 무렵에서야 끝난 싸움
이윽고 내 가슴에 태풍 멎고
며칠째 으르렁거리던 가슴의 파도 잔잔해진다.

난생설화를 위해

모두가 알이다
푸른 숲도 반짝이는 별도 하늘을 나는 작은 새도
모두가 알이다 죽기 위해 태어나기 위해
모두가 알이다 새로 집을 짓고 무덤 속에 드러누운 자여
네가 누워있는 곳이 아직은 어둡고 싸늘하지만
제몸 허물어 숲속에 누워
천년을 기다리는 돌부처를 생각해보다
어둔 하늘에 빛나는 선 한 번 긋고 사라져버리는
별처럼 죽기 위해 별처럼 살기 위해
시간이 비켜가는 땅 속에 알로 박혀
깨어지기를 기다리는 것이 아니냐

그러나 알이여 길 복판에 버려져
깨어지지 않는 단단한 알이 되어
개 돼지한테 짓밟혀도 깨어지지 않는
튼튼하고 커다란 알이 되어
마침내 깨어져도 아주 박살이 나
왕이 된 그 옛날 이야기가 뜬 소문이 아니라는 것을 아는
발길에 채이는 알이여

물

크리스마스 이브
사람들은 날이 새면
메리크리스마스라고 외치겠지만
나는 홀로 술잔을 기울이며
물소리를 듣는다

누군가
또다시 댐이 터질 것이라고 예언하였다
아틀란티스 대륙처럼 물에 잠길 것이라고 하였다
북극의 얼음이 녹아내릴 것이라고 하였다

우주는 늘 그 버릇대로
흐르다 잠시 맴돌다 또다시
흐르는 것
때로는 기우제를 지내고
때로는 섬으로 흐르는 것

내가 술을 따르듯

우주의 어디에선가 내려보는 눈동자는
우리를 술병에서 따르는 것
그래서 흙탕물을 따르면
물것들은 눈을 잃게 되고
또 어디에선가는 사막이 생기는 것

결국 물의 습성으로 생긴 우리는
물처럼 흐르기도 하고 고이기도 하는 것

예수가 술병에서 나온
크리스마스 이브
나는 홀로 술잔을 기울이며
핏속에 흐르는 물소리를 듣는다

살아있음

문득
심장의 시계소리를 듣는다

이렇게 살아있음은

파도에 포위당한
돛단배

찌가 움직이는
바다

샘이 솟는
강

푸른 숲을 키우는
흙

아아

산등성이에
늙은 나이테처럼 걸려있는 길

누군가는
걸어가는 길

푸른 길의 사계

한때 백운동을 거쳐 광주역에 이르는
시내를 관통하던 옛 경전선
이제 기적소리 들리지 않는다
향수와 그리움을 품은 철길은 걷혀지고
그 길 위에 푸른 길이 지나가며
새로운 이야기를 들려준다

봄이 되어 여리디여린 연둣빛 신록이
생명의 불을 지피면
푸른 길은 청춘의 열기가 끓는 오솔길,
녹음이 무성해 검푸른 불꽃 타오르는 푸른길은
그루마다 차양을 하고 천막을 치고 그늘을 만들어
길손의 발길을 붙잡는데,
형형색색 단풍으로 불타는 가을이 오면
따스한 온기가 좋아라
지는 낙엽 밟으며 사색의 길
한정없이 걷고 싶어라
마침내 모든걸 떨구고

헐벗은 몸으로 눈바람을 맞는 나무들은
일렬 종대로 수행의 길을 나선 수도자들
그 행렬을 따라 나목 아래
하얀 눈길을 따라가고 싶어라.

어떤 사랑

어린왕자를 열 몇 번인가를 읽었다는 사내
목동의 곁에 잠든 스테파노 아가씨의 숨결을 들으며
사내는 사과 냄새를 맡았다
목동이 된 어린왕자는
하늘의 두 별 중 하나가
가슴 울렁이는 것을 보았다

아침이 오면
향기로운 별은 사라져 버리리라
해가 뜨면 괜히 웃음이 나던
어린왕자는 북극의 긴 밤을 생각하고
백설공주처럼
여인이 긴 잠에 빠지기를 바랬다

사내는 여인이 비운 커피잔을 마셨다
사과냄새가 났다
몇 번이고 사과를 물었다.

낡은 저울

남광주 시장 어물전
늙고 주름진 앉은뱅이 저울
이목구비 반듯한 윤기나는 세월 탱탱 녹슬고
말라붙은 생선비늘 검버섯처럼 붙어 있지만
여전히 형형한 붉은 눈빛으로
꽃게나 새우 생선의 무게 단호하게 가리키는
이마에 좌우명 같은 '합격 필증' 질끈 묶은
이미 버렸어야 할 낡은 저울
칼칼한 주인 할머니 성깔 그대로
완고하게 고집하는 마음의 정량,
한 눈금도 구겨 팔 수 없는
제 양심의 무게 지켜온 저 똥고집.
오늘은, 어쩌다 쉬는 한가한 오늘은
햇볕 드는 어물전 좌판 구석에서
참으로 오랜만에 젖은 손 말리며
한결같이 달려온 긴장의 끈 놓은 채
붉은 눈금으로 "0"을 가리키고 있다.

2

잠시 길을 멈추고 싶다

사라지는 것이 아니라 찢어지는 것

헌 책방에 갔다
내 시집 『지독한 사랑』이 있어
펼쳐보다
누군가에게 사인해서 준 시집
이름 적힌 부분이 찢어져
누구에게 보낸 것인지 알 수 없다

오늘은 장례식에 다녀왔다
한동안 잘 지냈던 친구가 죽었다
영정사진 앞에 국화꽃을 바치고
잠시 생각에 잠겼다
언젠가는 나의 전화번호도 찢겨져 나갈 것이다
돌아오는 길에 죽은 친구의 이름을 찢었다.

잠시 길을 멈추고 싶다

언제부턴가 머리가 아프다
청춘처럼 술 퍼마시고 다니는 것도 아닌데
신체지수들이 높아간다
50년이 넘도록 내가 바라보며 달려온 그곳은
지금껏 딛고 온 땅보다 더 많이 남아있는데
나의 욕망은 아직도 까마득하다
하루 종일 먼 길을 다녀와 자리에 누우면
외로움은 사치였다
문득 내가 지나온 길을 뒤돌아보니
아무도 살지 않는
먼지 이는 아찔한 사막뿐이어서
눈앞에 아롱거리는 신기루 같은 현기증
아직 길이 멀리 남아있지만
나의 욕망이 탐욕은 아닌지
아무래도 더 멀리 가야할 듯싶다
아니, 이제 가는 길 멈추고
쉬고 싶다. 지금껏 앞만 보며 달려온 길
멈추고 싶다

아픈 머리 붙잡고
안식을 갖고 싶다.

벌과 나비와 새에게 땅을 내주다

내 땅 위로 새와 잠자리가 날아간다
비행기조차 함부로 다닌다
이럴땐 지상권 행사라도 해야하지 않겠는가
꽃을 싫어하여 질색하는 나는
내 땅에서 맘대로 자란 꽃을 보았다
괘씸해 꽃을 꺾어버리려다가
문득 그 꽃이 가엽다는 생각이 들었다
모든 것을 받아주는 땅처럼
내 마음 속에서 빗물같은 연민이 스며들어
말없이 내 땅을 차지한 꽃을
꺾지 않기로 하였다
그 꽃에 나비 몇 마리 날아왔다
벌들도 날아와 꿀을 땄다
그리고 아기 주먹보다 작은 새 한 마리
몰래 들어와 노래를 하는데
어쩐지 슬퍼보였다
나를 위해 부르는 장송곡으로 들렸다
섬뜩한 생각이 들어

벌과 나비와 새에게
땅을 모두 내주기로 했다.

식도염

속이 시큼해 병원에 갔더니
역류성식도염이라고 한다
내 생은 늘 식욕이 왕성했지만
의외의 진단이다
가난한 마음으로 먹은 묵은 쌀과
살아있음을 증거하기 위해 쏟아부은 술들이
위장에서 넘친 것이 아닐까
생각해보니 먹지 못할 것을 먹어본 적이 없는데
내 생의 어디께에서 소화가 안된 것들이 넘쳐
마음이 아프고 시큼하다
오늘은 쌀조차 삼키지 못하고
생의 한쪽을 붙잡고 걸음을 멈춘다
무구하게 가는 길을 잠시 멈추고
시디신 것이 인생이라는 것을 되뇌인다.

무서운 하나님

담장이 없는 교회와 우리집 경계에
작은 감나무에
커다란 감 몇 개 붉게 익어가는데
누군가가 감 몇 개 따갔다
그러자 늙은 목사의 아내가
"감을 따간 사람 하나님 이름으로 저주를 내리리라"
에이포 용지에 글을 써서
감나무가지에 붙여 놓았다
찬송가 소리가 들릴 때마다
꼭 누군가를 저주하는 것 같았다
예배가 끝나고
집으로 돌아가는 신자들 낯빛이 어두워보였다
어쩌다 눈 마주친 목사의 아내가
나를 째려보았다
나는 괜히 죄를 지은 것 같아
부끄러웠다. 감 따간 누구를 대신하여
속죄하고 싶었다. 그리고 화가 났다
감을 따간 사람에게 저주를 내려줄
하나님이 무섭다는 생각이 들었다.

장마

60년만의 역대급 장마가
강물이 넘치고 도시를 삼켰다
사람들 마음속에 햇볕이 들지 못 해
곰팡이가 끼었다
눅눅한 거리에는
사람들이 비를 피하려 하지만
지루한 장마에 흠뻑 적신다

이윽고 장마가 그치자
불볕이 시작되고
아스팔트 길이 녹아내리고
마스크를 쓴 사람들이
앗 뜨거워, 앗 뜨거워
소리치면서도
마스크를 벗지 못한다

나에게는 아직도 장마가 끝나지 않았다
코로나보다 더 지독한 비가

지친 마음 구석구석까지 적셔
익사 직전이지만
총알같이 내리는 비가
나를 연신 쓰러뜨린다

살다보면 온갖 험한 일도 겪는다지만
도저히 참을 수 없는 장맛비가
내 생의 중심을 관통하는데
나는 또다시 일어서기를 반복한다.

법조문에 없는 죄

착하게 살았다고 자부했는데
정직하게 살았다고 자부했는데
죄지은 적 없다고 생각해왔는데

길을 가다가 개미를 밟은 일
물고기를 잡아 먹는 일
꽃이 아름답다고 꺾은 일
길을 가다가 돌멩이를 발로 찬 일
누군가를 미워하고 욕한 일
유년에 아버지를 속여 용돈 타낸 일
친구와 싸운 일

곰곰이 생각하니 나는 나쁜 사람이다
법조문에는 없는 죄를 지은 죄인이다

점집 앞에서

장대 끝에 붉은 깃발 펄럭이는 집으로
노인네 둘이 들어간다
나는 언젠가 장난삼아 새점 한 번 보았을 뿐인데,
저 노인네들은 점을 보러가는가
세상사 알 수 없는 일이어서
점괘가 궁금해. 인생이 궁금해
제 앞날도 알지 못하는 점쟁이에게
굿을 하러 가는지 점을 보러 가는지.
점집에 가는 노인들이 걸어온 길
편치만은 않았을 것이다
점집 장대에 매달린 붉은 깃발 펄럭이는데
그 장대 끝에서 새 한 마리
뭐라고 지저귀지만
인생을 내다볼 수 없듯
언제나 안개 속이어서
죽어서 새가 되었을지도 모르는 장대끝
새가 들려주는 비밀의 말씀
나는 알아듣지 못한다.

빗나간 일기예보처럼

강력한 태풍이 오키나와를 지나
북진하고 있다한다
중국이나 일본으로 가지않고
제주도를 통과할 예정이어서
이어도를 막 지나
난대성 고기압으로 발달한 태풍이
따스한 바다의 입술을 핥으며
무섭게 서귀포를 향해 돌진하고 있다한다
폭풍보다 더 무섭게 쏟아지는 기자의 멘트에
벌써 겁먹은 사람들은 귀가를 서두른다
늘 그랬듯이 기상캐스터의 예보가 어긋나
태풍이 일본으로 방향을 돌리는 바람에
태풍의 왼쪽에 놓인 우리나라는
찻잔 속의 폭풍처럼
약간의 바람이 불고 비가 내렸을 뿐
한라산과 지리산도 무탈했다
빗나간 일기예보처럼
인생도 자주 어긋나는 것이어서

어디에서 태풍이 일고
어디로 비구름이 몰려가는지
때로는 느닷없이 뒤통수를 맞고
때로는 당첨된 복권처럼
행운이 뒤따르기도 한다.

고향의 봄날

마음이 심란하여 고향집에 갔었네
개구리떼 울어쌓는 깊어가는 봄밤인데
지붕에 떨어지고 흘러가는 감꽃지는 소리
잠이 안와 마당에 홀로 나가 바라보니
하늘에서 가슴으로 선을 긋는 별똥별
아득한 내 유년의 봄날이 떠오르네
모두가 떠나버린 고향집
세상 시름 잊으려 오랜만에 찾았지만
가슴속에 아프게 감꽃만 떨어지네

아무도 없는 방

하루 종일 사람을 만나
밥을 먹고 노래를 부르다가
늦은 저녁 집에 돌아오면
허허벌판에서 비를 맞는
누군가가 보인다
마치 허수아비 같아 보이는 그는
아무것도 없는 가슴에 찬바람이 지나가고
절벽 끝에 서서
소리쳐도 메아리조차 없다
바다 건너 피붙이들이 그립고
불현 듯 유년의 고향마을이
오래된 흑백필름처럼 나타난다
꾸짖어주거나 싸울 누군가도 없어
어둠으로 가득한 빈 방에서
다시금 왜 사느냐고 스스로에게 되묻다가
방바닥에 주저앉는다
그의 모습이 딱해 보였는지
창밖에 찬비 내리는 소리가
밤새 말을 걸어온다.

주씨네 집

봉선동 골목길 어디께
오래 묵은 오동나무 한 그루 서 있는
주점 주씨네 집
주인의 성씨가 주씨인데
동네아저씨들 술이 고프면
주씨네 집에 들리곤 했는데
인심 좋은 주씨는 술 팔 생각은 않고
오는 손님 가는 손님이라야
모두 인근 골목 아는 사람들이라
선심 쓰듯 공짜 술을 권해
주씨 부인 날마다 속 끓이는데
구의원이나 동의원은 못 되어도
골목 사람들이 밀면 통장 반장은 따 놓은 당상
오동꽃이 하나둘씩 골목길에 떨어질 때
주씨집 주점에서는
동네사람들이
하하 호호 하하 호호

송편을 빚다

할아버지 할머니와 대청마루에 둘러앉아
송편을 빚었다
쌀반죽 떼어 손바닥 위에 얹어놓고
엄지와 검지 송송거리며
쌀반죽을 펴서
삶은 팥 수저로 떠 넣었다
반달 모양으로 쌀반죽 입을 오므리며
조개처럼 입을 다문 송편들
상 위에 줄을 지어 놓다보면
덩치 큰 놈
다소곳 수줍은 놈
삐딱한 놈
생긴대로 빚은 송편,
팔월 열사흗날 달이 휘영청
우리집 대청마루를 훤히 비췄다.

기러기

어린시절
저녁 무렵
기러기 떼 북쪽으로 날아가고
한참 뒤 어둠이 짙어올 때
길 잃은 기러기 한 마리
울면서 북쪽으로 날아갔네
깊은 밤이면
꿈결 속으로 날아와 끼욱끼욱 소리치며
내 품으로 파고드는 어린 기러기 한 마리
그런 날은 먼 길 떠난 아버지
여태 돌아오지 않았네

푸르고 깊게

푸른 마음은 깊다
맑은 하늘은 푸르다
새끼들 키우는 바다는 푸르다

물은 흘러서 바다로 가고
바다는 하늘과 맞닿아 있는데,
하늘에 깊이 길을 내는
나무의 키는 푸르고
사람은 나무그늘 아래에서
술 취해 얼굴이 벌건데.

3

푸른 길의 사계

말

말은 생각에서 태어난다
말은 정신이며 몸이어서 존재를 규명한다
그럼에도 많은 말들이 죽어버려
나의 생각 한쪽은 뱃살을 드러낸 채
시궁창에서 썩어가는 쥐의 시체이다

길길이 날뛰는 말들을 수양시킨다
사람이 뱉은 말
천국과 지옥에서 맴돈다는데
지옥에 더 많이 갔을 내가 만든 말들,
혹시 천국에 갔을 말들이 있을까 하늘을 바라보지만
미세먼지 가득한 하늘에 황사바람만 분다

착한 말이 천국에 간다는 말
알 수 없는 일이지만,
지옥에 갔을지도 모를 말들이 가여워
그렇게 살아온 나의 생이 가여워
이제 아무 말도 하지 않기로 하였다.

광주천에서

광주천에서 사직산 오르는 사동
그 어디께에 최부자가 살았다고 하고
또 그 어디께에 권투도장도 있었다고 한다
개울 건너 광주천을 건너면
지금은 수많은 집들이 가득하지만
그 옛날에는 보리밭이 있고
눈 내린 보리밭에 까마귀떼
까옥까옥 울었다고 한다
지금의 금동 가까운 광주천변에
무등산에서 내려온 나뭇잎들의 나무시장이 열리고
남광주시장 같은 난전이 섰는데
그 언저리 어디께에서는
아이들이 물고기를 잡고 물장구를 치고 놀고
아낙네들은 물가에서 빨래방망이질을 해대
광주천에 빨래방망이 소리 멈추지 않았다고 한다
오늘은 광주천을 따라
남광주시장이 서고
양동복개상가가 서고

그때 물가에서 놀던 아이들은
늙어가며 광주천 다리 밑 그늘에 평상을 놓고
화투를 치고 있다
그것을 모르는 청년들은
자전거를 타고 운동을 하거나
엇둘엇둘 달리기를 하며 달려가는
아직도 시궁창 썩은냄새가 나고
광주천엔 수달과 자라가 살고 있다.

사직공원

수백 년 동안 국조 단군을 모신
사직산 사직단에
왜인들이 신사를 마련한 그 자리
해방이 되어
왜인들이 우리 민족의 영혼을 짓밟은 그 자리에
동물원을 만들었다
어린 나는 사자와 호랑이가 포효하고
온갖 짐승들이 짓밟고 있는 사직공원에 가는 것이
참말로 즐거운 행복이었다
훗날 그것을 지켜보던 최기영 선생이
마음이 저리고 속이 상해
사직산에 신사를 지냈던 왜인들보다 더 고약한
짐승들을 몰아내고
그 자리에 사직단을 세워
흐트러지고 짓밟힌 민족혼을
다시 정화시켰다
한때는 청춘남녀들이 데이트하던 동물원자리
철딱서니 없이 즐거워하던 그 자리에

맥문동이 자라고 오리목이 자라지만
아직도 다 가시지 않은 상흔
사직공원에 가면 짐승들 울부짖는 소리 들린다.

난지실

그 이름 참 좋다
까치고개에서 백운광장으로 넘어가는 중간
백운초등학교 부근 남쪽을 바라보던 남향마을
햇볕이 잘 들어 따스한 마을,
이름조차 따숩다

허름한 한옥 한 귀퉁이
마을 사람들의 사랑방 이발소가 있었던
그 자리에 교회가 들어서고
천지가 개벽하듯 상전벽해가 된 듯
옛모습 모두 사라져
농사짓던 농군들도 보이지 않지만
난지실을 지나갈 때면
저 건너 진월동에서 닭 우는 소리 들리는 듯하다

난지실에서 바라보면
끊임없이 질주하는 자동차들과
분주하게 길을 걷는 사람들 뿐인데

황소 앞장 세우고 쟁기 짊어진 어른들
오늘은 보이지 않는다.

진다리붓

진교
우리말로 풀면 '진다리'
그것이 붓이름이 되었다네

아버지의 뒤를 이어 무형문화재
붓 만드느라 세상물정 몰랐지만
가난쯤이야 한갓 남루여서
4대째 붓 만드는 일,
이제 막내아들인 내가 이 일을 잇는다니
아무런 소원이 없네

내가 만든 붓은 모필이 아니어서
손에 이어진 살과 뼈
피가 흐른다네
붓에 먹을 찍고 화선지 앞에 서면
영혼이 부르는 대로
온 몸이 붓이 된 나의 어깨에서 팔을 지나
손 끝에 이르르면 붓끝으로 전해지는

번개 같고, 때로는 부드러운 손길이 되어
화선지에서 살아나는 견고한 인간의 정신이여
세상에서 가장 부드러운 붓끝이
칼이 되고 노래가 되네
붓 하나를 만들기 위해 수천 번 들이는 공력
진다리붓, 칼이 된다네.

공원에서

도심의 푸른 숲 우거진
할 일없이 괜히 공원에 가면
좋은 일이 생길 것만 같았네
공원의 명물은 비둘기 떼였네
공중에 치솟은 비둘기 집에서
비둘기 떼 쏟아져 한 바퀴 비행하고 나면
사람들은 모이를 던져주었네
분홍 발가락이 예뻐 귀여운 그 비둘기들
오늘은
아무데나 똥을 갈기는 애물단지네

공원 아래 포장마차 즐비했네
밤이 되면 불야성을 이루어
광주의 술꾼들 다 모였네
곰장어 타는 냄새 공원을 휘감았네

세월은 가고 추억만 남아
광주공원도 옛날 같지 않네

사람들은 유흥가로 몰려가고
늦은 밤 술 취한 취객 몇이서
멱살을 잡고 얼켜 있네

깊은 밤 포장마차들 불꺼지고
새벽이 멀지 않았는데
아직 불꺼지지 않은 포장마차에서
술꾼 두셋 이야기가 길어지고
주인은 게슴치레 눈 치켜 뜨네
그때 잠깬 비둘기 몇 마리
숲에서 날개를 퍼덕이네.

그 옛날의 국수공장

겸면 장터에 가면
얼굴에 하얀 밀가루 분칠을 한
국수공장 아저씨
건조대에 막 뽑은 국수발을 널곤 했는데
길을 가다가 나는 침을 삼키며
한참동안 바라보곤 했다

건조된 국수발을 한 손으로 쥐고
또 한 손으로 국수발을 썰곤 했는데
어찌 알고 손대중으로 쥐면
틀림없이 국수 한 다발이 되는 것이
참으로 신기했는데,
한참동안 바라보곤 했다

그 아득한 세월은 지나가고
옛 국수공장 앞을 지나다가
국수집과 아저씨를 찾아보지만
새로 지은 현대식 슈퍼마켓 뿐

바람에 흔들리던
손과 얼굴에 하얀 밀가루를 묻힌 아저씨가
흑백필름처럼 희미하다.

백운광장에서

주월동에서 내려온 광복천과
봉선동에서 내려온 개천이 합류하는 물목이었다
백운광장에서 어우러진 두 물이
무등시장 쪽으로 빠져나가
극락천이 되었기에
걸핏하면 땅은 질퍽해져
이 일대의 들을 진들, 진다리라고 불렀다
1930년대 말 남광주에서 나선 열차가
백운광장을 가로질러 남평이나 여수쪽으로 가다보면
바람막이도 없는 벽도역에서
남루한 옷차림의 사람들이 열차에 오르곤 했다

오늘은 남광주역도 사라지고
백운광장을 가로지르는 철길도 사라진 자리
고가도로가 질주하고
목포행 버스가 질주하고
수많은 자동차가 오고가는
광주의 남쪽 관문,

백운광장에서 바라보면
광장을 떠메고 갈 듯한 기세로
자동차가 강물처럼 흘러가고 있다.

광주천에서

아이들이 물장구 치며 놀았다
붕어. 피라미 잡던 무렵이었다
선교동 골짜기에서 내려온 물길은
너릿재 아래를 적시며 광주의 젖줄이 되었다
이제 까마득한 옛일이어서
한때는 하늘의 하얀 구름이
시궁창에 빠져
방림동 뽕뽕다리를 지나
남광주시장 쯤에 지독한 썩은 냄새를 풍기며
복개상가 다리 밑 짐승의 창자 속 같은
어둠 속으로 스멀스멀 흘러가기도 했다

한 차례 비가 내린 날은
소나기가 시커먼 강의 내장을 뒤집어
며칠 동안 광주천 물 위로
물고기 떼가 하얗게 떠오르기도 했다
이제 야만의 시대는 가고
광주천에 수달이 나타났다고 한다

옛 금동시장 앞 물가 바위에는
남생이들이 앉아 햇빛을 쬐고 있다
비둘기들이 아침 실루엣 사이로 비행하고
사직공원 앞 천변 그늘에서
노인들이 고스톱을 치고 있다.

사직공원에 올라

회색바다 한 가운데 푸른 섬
사직공원에 오르면
예부터 선조들께 제를 올리던 사직단이 있다

전망대에 오르면
그 아래 아득하게 펼쳐진 문명의 바다.
언제나 침묵으로 말하는
어머니의 산 무등이 내려보고
그 아래 안긴 도시는 포근하다
한때 일제가 쇠말뚝을 박고
무지몽매한 사람들이
민족의 정기가 서린 사직단 아래에
동물원을 만들어 혼을 짓밟은
가슴 시린 사연도 있지만,
이제 크게 눈 뜨고 바라보니
수많은 시인들의 시비를 껴안고
복원한 사직단이
두 손을 여미게 한다

눈을 돌려 양림동산을 보면
근대 문명의 꽃을 피우던
붉은 지붕의 수피아와 선교사 사택
처음 복음의 씨앗을 키운 양림교회
이장우 고가가
고즈넉이 옛 이야기를 들려준다.

서서평

1934년 백운동
초라한 상여 하나 산으로 간다
거지들과 한센병 환자들이
끝도 안 보이는 행렬이 되어 눈물을 쏟는다
쉰다섯 살
아쉽고 서운한 길을 떠난다
엘리사벳 쉐핑,
우리 말로 서서평,

광주제중병원을 시작으로
조선간호부회를 설립한
가냘픈 이국 처녀
열네 명 고아와 한센인의 어머니,
이일학교를 세워
봉건에 갇힌 조선 여성들을 깨운 선각자
주변 20리 안팎 마을 곳곳을 찾아
사랑방을 빌려 복음을 전파한
사랑의 원자탄

본래 간호학을 전공한 백의의 천사
태평양을 건너
헐벗고 가난하고 병든 이들을 위해
꽃다운 청춘을 모두 바치고
영양실조로 삶을 마감한 천사는
담요와 동전 몇 닢을 남기고
자신의 몸마저 병원에 기증한 그녀를
우리는 천사라고 부른다.

진다리

철도가 놓이자
동네에 붓 매는 사람들이 생겨났다
교통이 편리해
기차를 타고 온 외지 사람들이
쉽게 정착할 수 있었다
이 무렵 벽돌공장이 생겨났는데
오랜 세월 화강암이 풍화되어 이룬 황토밭이
벽돌밭 되기에 알맞았다

1940년대 중반
강제징용을 피해 벽돌공장에 든 사람들이 많았는데
김성삼이라는 40대 중반의 독신남도 있었다
1945년 8월 15일 해방이 되자
사람들은 그의 또다른 이름을 듣는다
한국전쟁이 끝나고
김일성에게 죽음을 당한 박헌영이었다고 한다

오지의 땅에서

희망을 건져 올리던 농촌
흰구름이 쉬어가던 백운동의 다른 이름
오늘은 상습 정체구역이 된
진다리.
강물소리마저 사라져 버린
다시 되찾아야 할 그리운 진다리

박헌영

충청도 예산 사람,
오늘은 그의 이름 앞에 하얀 국화꽃 하나 놓는다
그를 우러른다거나 사모하지는 않지만,
빨갱이라면 질겁했던 이름이지만,
조금 측은하기도 하고 불쌍하다
이념의 소용돌이에서 헤어나지 못한 시대에
남쪽이거나 북쪽이거나 버려진 이름이기 때문이다

한때는 동아일보와 조선일보 기자를 했다는
박헌영은 조선공산당을 조직했다가
일본 경찰에 검거되기도 한
공산주의자, 그는 공산주의자에 의해 처형되었다
잘못된 시대, 잘못된 이념에서 피어난
붉은 꽃 한 송이
이제는 이름까지 가물가물 말라버린 꽃,

일제 말 어디론가로 잠적했다
진다리 최부자네 양철집 부근에 숨었다가

백운초등학교 앞 육교 근처 벽돌공장 뒷집으로 이사했다

아무도 몰랐다. 그가 난지실 마을 벽도리 뒤
대밭집에 숨어있다가
해방이 된 8월 15일 다음날 새벽
서울로 올라갔다는 걸
까맣게 몰랐다.

장미

삼동에 부르튼 언 손끝에도
피는 얼지 않고 펌프질 하고
오월이 오면
응어리진 가슴의 피 녹여
객혈하듯 생의 이력서를 쓰는
저 모질디 모진 여자여

겨울 무등산에서

대양의 파도 같은 매서운 바람이
쏴아, 하고 물러났다가 몰려가면
낮게 엎드린 뗏목 같은 목숨들
일엽편주처럼 물결 따라 움직이며
견디고 있다
눈보라 속에서도 언 손과 발 호호 불며
몸 안의 전원 끄지 않는 힘으로
무등산 억새가 정상으로 오르는데
바람은 수도자가 되어
눈보라 칠 때마다
거대한 화음으로 찬송가 부르고 있다
제 생명의 은인 앞에 엎드려 순종하며
하늘을 향해 오르고 있다
나무는 교만의 가지 툭툭 부러뜨리고
탐욕의 싹순 눈뜨지 못하게 하고
영하 20도의 한기가 살을 파고들어도
정상을 향해 포복하고 있다.

4

안개 낀 날에

아름다운 풍경 뒤에

바다를 끼고 절벽 위를 달리는
해안도로,
그 도로를 지나다보면 아무도 듣지 못하는
칠산바다 울음 소리가 들린다
바닷물이 치고 올라오는 저녁무렵이거나
가랑비라도 흩뿌리는 날이면 들리는 울음 소리
애절하고 처량한 그 소리는
어미 부르는 송아지 같은
가슴 저미는 아이의 울음이어서
나는 숨을 쉬지 못한다
아름다운 풍경을 배경으로 한 울음 소리는
그 옛날 바다에 나간 어미 마중나갔다가
파도에 휩쓸렸다는 아이의 한이 서린 것이라고
예부터 전해오는 전설 같은 것이어서
사람들은
비 내리고 바람이 부는 저녁 무렵이면
파도소리에 섞여 들리는 울음을 듣고
마음이 사무쳐 온다.

안개 낀 날에

갈수록 흐린 날이 많은 한라산
아래, 도시도 흐릿하다
이런 날은 사람들의 눈도 침침해
서로를 알아보지 못한다
사람들은 중국에서 불어오는 황사탓이라고도 하고
매연 때문이라고도 한다
그래도 아이들은 잘도 논다

유년에 모두가 시력이 좋아
안경 낀 사람들이 드물었다
어쩌다 안경 낀 사람이
인텔리처럼 보였다
내 첫사랑은 잘도 보였다
그러나 나는 자꾸 눈이 침침해지고
멀리 있는 것을 잘 보지 못한다

생각해보면 시력 탓이 아니다
황사와 스모그 때문이 아니다

우리가 부르던 노래 사라지고
같이 밥 비벼먹던 일도 뜸해진 오늘
우리는 겨우 자신의 앞만 바라보는 동물로
진화해 가고 있다
심해 햇볕이 들지 않는 물고기처럼
눈의 감각이 둔해져서
마침내 두더지처럼 어둠 속을 헤매야 할지 모른다

이내 푸르게 끼고
한라산의 푸르른 날을 노래하던 시인처럼
우리 다시 노래를 불러야 할가
강강수월레 하던 옛 누님들처럼
손에 손 맞잡을 때
비로소 한라산이 맑아질까
황사도 스모그도 도시에서 사라질까.

코로나 시대

코로나의 대유행이 시작될 조짐이란다
광화문 집회에 참가한 사람들이
전국으로 돌아가 코로나를 전파시켰기 때문이다
겨우 진정될 것 같았는데
코로나가 확산되어 점점 포위망을
촘촘하게 좁혀온다

내가 너를 믿을 수 없는 것처럼
너도 나를 믿을 수 없는 것은
서로를 모르기 때문이어서
모두가 마스크를 써야한다고
방역당국에서 연일 경고한다
코로나는 3선 국회의원도 비켜가지 않고
하나님의 빽이 있는 목사도 막을 수 없어
3선의원 하나는 중환자실에 입원했다고 한다
거룩한 목사도 확진판정을 받았다 한다
하물며 내 앞을 지나는 허름하고 초라해보이는
노동자 하나가 턱에 마스크를 걸치고 간다

나는 숨을 멈추고 그를 피해갔다

포스트 코로나를 말하지만
세계의 석학이라는 사람이
감기처럼 코로나도 일상이 될 것이라고 했다
코로나 이후의 생활 패턴이
코로나 시대에 점차 변화하고 있다
숨이 턱턱 막히면서
사람들은 우울증에 걸려 답답하다

끊임없는 인간의 탐욕이
수억 년 빙하에 잠든
또 어떤 바이러스를 깨울지 모르는
불안한 시대,
어쩌면 인류가 멸망의 길로 가는.

세상의 길

그대여, 내 손을 잡으시게
계단을 오를 때
버스에 오를 때
안타깝게 몸부림치는
그대의 모습

그대여, 그대의 휠체어를 내가 밀겠소
계단을 지나 버스를 타고
힘겹게 다가가는
지난 여름의 월드컵 경기장
30분이면 다가갈 수 있는 그곳을
그대 혼자서는 갈 수 없다니

나는 그대의 손과 발과 눈과
그리고 귀가 되겠소
그대의 모습이 뒤틀리고
손과 발이 구부러졌어도
우리는 한 형제

함께 가야 할 동행자

초등학교 때
교통사고로 다리가 부러졌을 때
내게 다리가 되어준
담임 선생님과 친구들을 잊지 못하는
나는, 이제
그대의 손과 발과 눈과
그리고 귀가 되겠소
세상의 길이 되겠소.

아! 정율성 · 1

칠월칠석 날
오작교 건너 견우와 직녀가 만나는 날
양림동에서 정부은이라는 아이가 태어났다
광주의 북망산이라고 불리는
묘지투성이의 양림산에서
어린 부은은 무섬증도 없이 잘 놀았다
아이들 시신이 매달린 풍장터에
한낮에도 귀신이 나온다는데
막내 여동생이 묻혀있는 그 양림동 언덕을
다시 돌아오마 약속하고
1933년 5월 8일
요즘 같으면 어버이날
봄날처럼 부모 슬하를 떠나
아직 목덜미 솜털 보송보송한 스무 살 청년은
식민지 조국을 떠나
일본을 거쳐 중국으로 향했다
그것이 끝이었다
다시는 고향에 돌아오지 못한

이별이 될 줄 몰랐다
말할 수 없는 망국의 설움과
독립을 향한 일념으로
갖은 고생을 하면서
죽어서도 눈에 선한 선교사 사택과 양림교회당
눈에 밟혀 그리움으로 살았다.

아! 정율성 · 2

사회주의자였다
그가 생각하는 맑시즘은
이민족도 조선동포도
모두 평화롭고 행복하게 살아가는 것이어서
연안에서 태항산에서
광활한 중국 대륙에서
대동아공영을 부르짖는 일본제국주의와 싸웠다
수많은 군가를 만들어
항일군의 사기를 드높여
중국 대륙을 수복하고 조선독립을 쟁취하는 것이라고
믿고 살아온 삶이었다
일본군 첩자라고 오인받을 때마다
얼마나 맘고생이 심했던가
폐병에 걸리면 죽어나가던 그 때
사랑하는 아내와 핏덩이 딸을 남겨두고
쿨럭쿨럭 피를 쏟으면서도
전선에서 싸울 때는 죽기살기였다
해방이 되었어도 분단된 조국을 한탄하며

6.25전쟁이 한창이던 그때
다시 중국으로 돌아갔지만
늘 소외되는 그는 외로웠다
그럴 때마다 낚시를 하고 수렵을 하면서
노래를 생각했다
깡패의 시대 문화대혁명 때는
그의 머리에 반동의 모자가 씌워졌다
그가 꿈꾸던 사회주의는 아니었다
아름답고 서정적인 노래
정치의 시녀가 아닌 자유로운 창작은
그가 꿈꾸는 예술이었다
문화대혁명 때 홍군들에게 저항할 때
외롭고 쓸쓸하여 힘들었다
그때 받은 상처들은 고혈압을 부르고
마침내 1976년,
끝내 그리운 양림산에 돌아가지 못한 채 쓰러지고
오늘 우리는 그의 노래를 듣는다.

바다로 가는 경운기

염산 앞바다엔 배만 다니는 것이 아니다
통통거리며 경운기 몇 대 지나간다
썰물에 드러난 바위섬에 가기 위해
마을 사람들을 싣고
경운기 발자국 찍으며 바다로 간다
꼬막이나 바지락 캐기 위해
돛을 세우고 노를 저어 풍선(風船)처럼
바위섬 가까이 다가가면
사람들은 호미와 쇠스랑으로 갯펄을 찍는데
한나절 땅을 찍다보면
바닥물에서부터 서서히 밀고 오는 파도소리에
옷 소매 고쳐 올리고
바구니에 가득찬 갯것들 손에 들고
경운기에 오르면
갯펄 범벅된 몸이 무겁지만
그제사 푸른 하늘이 보이고
집으로 가는 길이 가볍다.

바람 자는 날

어항 속의 물거품처럼
고리 모양의 담배연기가
가볍게 하늘로 뜨고 있었다.

손주놈의 풍선이
하늘로 오르고

이윽고 고리 모양의 담배연기가
흰구름이 되자

머리 위로
곧게 작아지던 풍선이
흰구름을 타고 흐르고 있었다.

그 옛날 휴전선의
한가한 봄날에.

오동나무와 한판

씨멘트 담장에 금이 가고 있다
가까이서 들여다보니
오동나무 한 그루가 몸을 불리며
부사리 같은 뿌리가
담장 벽돌 틈으로 힘을 뻗혀
천천히 벽돌을 들어 올리고 있다
어디에서 씨앗이 날아왔는지
근본도 모를 오동나무
넓은 텃밭 다 놔두고
하필 씨멘트 담벼락과 씨름하는 것이
성미 고약하고 고집 센 영감 같다
옛날 같으면 오동나무를 심어
딸내미 시집갈 때 장롱을 만들어 준다고 했지만
모나고 불량한 노인처럼
아무 쓸모없는 오동나무와
며칠 째 곡갱이로 씨름하여도
똥고집을 내며 한 치도 양보 않는다
톱으로 허리를 분지르고

뿌리를 잘라내도 항복하지 않아
소금을 한 됫박 부어버렸더니
서서히 힘을 빼고 앞발뒷발을 드는 것이다.

꽃무릇

인공 때 불갑산에
빨치산들이 득실거렸다고 한다
밤이 되면 산을 내려와
소 돼지를 뺏어가고
양민들을 죽였다고 한다
불갑산 아래
해보 파평윤씨 마을을
송두리째 태워버렸다고 한다
국방군이 더 무서웠다고 한다
집집마다 불을 지르고
겨울 살얼음 진 논에 동네 사람들을 모아놓고
기관단총으로 쓸어버렸다 한다
불갑사에서 용천사 사이
그때 죽은 사람들의 영혼이
가을이 되면 붉게 피어난다는 것이다.

풀

지천에 널린 너를
짓밟는 줄도 몰랐다
한자리에 앉아있는 것이 미안해
자꾸 자리를 옮겨 앉은 병약한 사람처럼
너를 살펴보지 못했다
어느 날 길을 가다가
아득한 내 생을 절룩이며 가다가
문득, 너를 바라보았다
바람에 흔들거리면서도
쓰러지지 않는 네 가문의 족보처럼
나도 내 길을 가고 싶었다
너는 어느 새 내 마음의 텃밭에
싹을 틔우고 뿌리를 내리는데
나도 풀이 되어가고 있는가
밟을수록 일어서는 겨울 보리가 되고 싶었다.

항해

우리 마을은 늘 흐렸다
용이 오른다고 하늘을 바라보았다
어린 나는 그것이 믿기지 않았다
아무튼 바다 건너 반도에는 햇살이 내리고
나는 그 햇살을 그리워했다

나의 바다는 언제나 비내리는 난바다였다
한치 앞도 나아갈 수 없었다
하늘을 오르는 용이고 싶었지만
오랫동안 폭풍이 걷히지 않는 마을엔
제삿날이 같은 날인 집들이 많았다

유년의 바다는 길길이 날뛰었다
하늘에 오를 수 없다면
이어도 어디께 용궁에서 산다고 하는
용을 잡아 타고 하늘에 올라야 한다고 했다
오래된 가난을 벗어나야 하지만
용을 보았다는 사람들 만나지 못했다

용은 개천에서도 나온다고 했지만 쉽지 않았다
바다와 드잡이질을 해야 용을 만날 수 있다고 생각했다
지긋지긋한 파도를 쓰러뜨리고
폭풍의 바다를 단번에 제압해야 한다

어른이 되기 전 바다를 떠나왔다
그러나 살아오면서 곳곳에서 암초를 만났다
돛이 찢어져 난파되기도 하였다
거대한 고래와 맞설 때는 포기하고도 싶었지만
어느새 노련한 선장이 되어 있었다
어린 시절 보았던 것이 용이었음도 알게 되었다
내 生의 만선을 위해 지금 타고 가는 배가
나의 길을 이끄는
거대한 용이라는 것을 알게 되었다.

광야에서

흐린 날이 있듯
나의 삶의 날씨에도
궂은 날이 있을 터
그러나 막상 사방에서 불어오는
단 한 번도 겪은 적 없는
비바람과 눈보라가
천지간에 앞을 가리느니
정신을 차릴 줄 모르는 날은
혼비백산하여 오래 쓰러졌다가
겨우 일어나 정신을 수습하였다
적이 강할수록 나는 아마존 여전사처럼 더 강해져
안개 낀 숲속을 용감하게 나아가곤 했지만
비바람과 눈보라가 물러갔어도
오늘은 아무것도 보이지 않는다
인생은 예측불가능한 험한 길이라는데
엄마 잃은 아이처럼
나는 광야에 혼자 서서

어디로 가야할 지 모른 채
한참을 서 있었다.

옥녀봉 오르는 길에

선녀가 하늘에 올랐다는 옥녀봉
하늘 가까이 오르는 산길에
새로 생긴 무덤 하나
아직 팔짝팔짝 심장이 뛰어야 할
얼굴도 모르는 청년은 왜 여기 누워있는가
많은 사람들이 오르내리는 산길에
이름 석 자 새겨진 십자가 하나 꽂혀 있는데
하늘엔 오랜만에 흰구름 흘러간다
산 아래는 자동차 소리, 앰블런스 소리
새로 빌딩 짓는 쇠말뚝 박는
탐욕스러운 소리 뿐인데,
나는 오늘 하늘 가까운 그 무덤 곁에 앉아
피끓는 청년의 목소릴 듣는다
한 맺힌 生이 너무나 원통해 하소연 하고 싶어
사람들의 왕래가 잦은 산길에 누웠노라고
말 하는 것 같다
이승의 사랑하는 사람을 떠나온 것이 안 잊혀
차마 떠나지 못하고 이승과 저승사이에서

하소연 하는 것도 같다
무덤 곁에서 이름모를 산새 한 마리 울어예는데
마치 나에게 무슨 말을 하려는 것 같아
한참동안 서서 새소리에 귀를 기울이곤 했다.

낡은 저울

남광주 시장 어물전
늙고 주름진 앉은뱅이 저울
이목구비 반듯한 윤기나는 세월 탱탱 녹슬고
말라붙은 생선비늘 검버섯처럼 붙어 있지만
여전히 형형한 붉은 눈빛으로
꽃게나 새우 생선의 무게 단호하게 가리키는
이마에 좌우명 같은 '합격 필증' 질끈 묶은
이미 버렸어야 할 낡은 저울
칼칼한 주인 할머니 성깔 그대로
완고하게 고집하는 마음의 정량,
한 눈금도 구겨 팔 수 없는
제 양심의 무게 지켜온 저 똥고집.
오늘은, 어쩌다 쉬는 한가한 오늘은
햇볕 드는 어물전 좌판 구석에서
참으로 오랜만에 젖은 손 말리며
한결같이 달려온 긴장의 끈 놓은 채
붉은 눈금으로 "0"을 가리키고 있다.

이선미 시집

반란의 바다

2020년 12월 30일 인쇄
2020년 12월 31일 발행

지은이 | 이 선 미
펴낸이 | 강 경 호
인쇄 · 기획 | 도서출판 시와사람
등록 | 1994년 6월 10일 제 05-01-0155호
주소 | 광주시 동구 양림로119번길 21-1(학동)
전화 | (062)224-5319
팩스 | (062)225-5319
E-mail | jcapoet@hanmail.net

ISBN978-89-5665-585-7 03810

값 10,000원

· 잘못된 책은 바꾸어 드립니다.

공급처 ■ 한국출판협동조합
경기도 파주시 탄현면 오금리 202번지
주문전화 (02)716-5616, 070-7119-1740